au 1er mai 1853

LISTE

DES ARTISTES VIVANTS

AYANT OBTENU DES RÉCOMPENSES

ANTÉRIEUREMENT AU 1er MAI 1853.

LISTE

DES

ARTISTES VIVANTS

AYANT OBTENU DES RÉCOMPENSES

ANTÉRIEUREMENT AU 1er MAI 1853.

PEINTRES.

SCULPTEURS ET GRAVEURS EN MÉDAILLES ET SUR PIERRES FINES.

GRAVEURS.

LITHOGRAPHES.

ARCHITECTES.

PARIS.

VINCHON, IMPRIMEUR DES MUSÉES IMPÉRIAUX,
Rue J.-J. Rousseau, 8.

—

2294. 1853.

Nota. Cette liste comprend les noms et prénoms, le lieu de naissance de chaque artiste et la dernière récompense obtenue par lui, soit comme grand prix de Rome, soit comme médailliste, soit comme décoré, soit enfin comme membre de l'Institut.

EXPLICATION DES ABRÉVIATIONS.

❋	Chevalier de la Légion-d'Honneur.
O ❋	Officier.
Méd.	Médaille.
M. de l'Inst.	Membre de l'Institut.

PEINTRES.

ABEL DE PUJOL (Alexandre-Denis), Valenciennes (Nord). ✻ 1822. M. de l'Inst. 1835.
ACHARD (Jean), Voreppe (Isère). Méd. 2e cl. 1845-1848.
ACHENBACH (André), Hesse-Cassel. Méd. 3e cl. 1839.
ADAM (Victor). Méd. 2e cl. 1836.
AIFFRE (Raimond-Réné), Rodez. Méd. 3e cl. 1841.
AIWAZOWSKI (Jean). Méd. 3e cl. 1843.
ALAUX (Jean), Bordeaux, O ✻ 1841. M. de l'Inst. 1851.
ALIGNY (C.-F.-T.), Chaumes (Nièvre). ✻ 1842.
ALOPHE (Alexandre-Marie), Paris. Méd. 2e cl. 1847.
AMAURY-DUVAL (Eug.-Em.), Paris. ✻ 1845.
AMIEL (Félix). Méd. 2e cl. 1833.
ANASTASI (Auguste), Paris. Méd. 2e cl. 1848.
ANDRÉ (Jacques), Lyon. Méd. 3e cl. 1844.
ANDRÉ (Jules), Paris. Méd. 2e cl. 1833.
ANDERS (Mme). Méd. 3e cl. 1837.
ANGELIN (Alphonse), Aix. Méd. 3e cl. 1840.
ANTIGNA (Jean-Pierre-Alexandre). Méd. 1re cl. 1851.
APOIL (Mme, née BÉRANGER), Sèvres. Méd. 2e cl. 1848.
APPERT (Eugène), Angers. Méd. 3e cl. 1844.
ARAGO (Alfred), Paris. Méd. 3e cl. 1846.
ARSON (Mlle), Paris. Méd. 3e cl. 1835.
ASSELINEAU (Mlle Antoinette), Hambourg. Méd. 3e cl. 1840.
AZE (Adolphe), Paris. Méd. 3e cl. 1851.
AZEGLIO (Maxime). Méd. 2e cl. 1836.

BADIN. Méd. 3e cl. 1839.
BAFCOP (Alexis), Cassel. Méd. 3e cl. 1847.
BAGET (Jules), Chevreuse (Seine-et-Oise). Méd. 3e cl. 1837.
BAILLE (Édouard), Besançon (Doubs). Méd. 3e cl. 1847.
BALFOURIER (Adolphe), Montmorency. Méd. 2e cl. 1846.
BALLU (Théodore), Paris. Méd. 3e cl. 1846.
BALTHAZAR (Casimir de), Hayange (Moselle). Méd. 1re cl. 1840.
BAR (Mme Clémentine de). Méd. 3e cl. 1843.
BARBIER (Alexandre-Nicolas), Paris. ✻ 1842.
BARBOT (P.), Nantes. Méd. 2e cl. 1828.
BARD (Jean-Auguste), Paris. Méd. 3e cl. 1841.
BARKER (Thomas-Jones-Henri), Bath. Méd. 3e cl. 1836.
BARON (Henri), Besançon. Méd. 2e cl. 1848.
BARRE (Albert), Paris. Méd. 3e cl. 1846.

BARRIAS (Félix-Joseph), Paris. Gr. prix de Rome 1844. Méd. 1re cl. 1851.
BARRY (François-Bernard), Marseille. Méd. 2e cl. 1843.
BAUDERON (Louis), Gênes. Méd. 3e cl. 1842.
BAUDRY (Paul-Jacques-Aimé), Napoléon-Vendée. Gr. prix de Rome 1850.
BAYLE (Bertrand-Georges). Méd. 3e cl. 1845.
BAZIN (Charles-Louis), Paris. Méd. 2e cl. 1846.
BEAUME (Joseph), Marseille. ✻ 1836.
BEAUPLAN (Amédée de), Versailles. Méd. 3e cl. 1834.
BEC (Polydore de). Méd. 2e cl. 1828.
BEGAS (Charles). Méd. 2e cl. 1837.
BELL (Rodolphe). Méd. 3e cl. 1835.
BELLANGÉ (Hippolyte), Paris. ✻ 1834.
BELLEL (Jean-Joseph), Paris. Méd. 1re cl. 1848.
BELLIARD, Marseille. Méd. 2e cl. 1822.
BELLOC (Jean-Hilaire), Nantes. ✻ 1846.
BELLOC (Mlle Jeanne). Méd. 3e cl. 1837.
BENDEMANN (Édouard). Méd. 1re cl. 1837.
BENOUVILLE (François-Léon), Paris. Gr. prix de Rome 1845. Méd. 2e cl. 1852.
BENOUVILLE (Achille-Jean), Paris. Méd. 3e cl. 1844. Gr. prix de Rome 1845.
BENZON (Baron Christian). Méd. 3e cl. 1846.
BERANGER (Antoine), Paris, ✻ 1841.
BÉRANGER (Charles), Sèvres. Méd. 2e cl. 1840.
BERANGER (J.-B.-A.-Émile), Sèvres. Méd. 2e cl. 1848.
BERGER (Philippe), Pargny (Vosges). Méd. 3e cl. 1845.
BERGERET (Pierre-Nolasque), Bordeaux. Méd. 1re cl. 1808.
BERTHON (Mlle Sidonie), Paris. Méd. 1re cl. 1845.
BERTIER (Eugène), Paris. Méd. 3e cl. 1845.
BERTIN (Édouard), Paris. ✻ 1833.
BERNARD (Mme Louise), Paris. Méd. 3e cl. 1847.
BETTHENCOURT (Édouard), Boulogne. Méd. 3e cl. 1839.
BEZARD (Jean-Louis), Toulouse. Méd. 1re cl. 1836.
BIANCHI (Mlle Nina), Paris. Méd. 2e cl. 1848.
BIARD (François), Lyon. ✻ 1838.
BIDA (Alexandre), Toulouse. Méd. 2e cl. 1848.
BIENNOURY (Victor-François-Éloy), Bar-sur-Aube. Gr. prix de Rome 1842.
BIGAND (Auguste), Versailles. Méd. 2e cl. 1846.
BILLARDET (Léon-Marie-Joseph), Gray. Méd. 3e cl. 1845.
BIRAT (Mme Amélie), Paris. Méd. 3e cl. 1847.
BLAIZE (Candide), Nancy. Méd. 3e cl. 1836.
BLANCHARD (Pharamond), Lyon. ✻ 1840.
BLANCHARD (Mlle). Méd. 2e cl. 1824.
BLANCHARD (Théophile), Paris. Méd. 2e cl. 1843.
BLOCK (Eugène de). Méd. 3e cl. 1842.
BLONDEL (Merry-Joseph), Paris. ✻ 1825. M. de l'Inst. 1832.

BODINIER (Guillaume), Angers. ✻ 1849.
BODMER (Karl), Zurich. Méd. 2e cl. 1851.
BOILLY (Julien-Léopold), Paris. Méd. 2e cl. 1828.
BOISSELIN (Antoine-Félix), Paris. ✻ 1842. —— Boisselier
BONHEUR (Mlle Rosa), Bordeaux. Méd. 1re cl. 1848.
BONHEUR (Auguste), Bordeaux. Méd. 3e cl. 1852.
BONNEFOND, Lyon. ✻.
BONNEGRACE (Charles-Adolphe), Toulouse. Méd. 2e cl. 1842.
BONVIN (François), Vaugirard. Méd. 2e cl. 1851.
BOQUET (Mlle Virginie), Paris. Méd. 3e cl. 1841.
BORDIER (Jules-Charles), Paris. Méd. 2e cl. 1812.
BORGET (Auguste), Issoudun. Méd. 3e cl. 1843.
BORIONE (Williams), Sablons (Isère). Méd. 3e cl. 1846.
BORNSCHLEGEL (Victor de), Sierck (Moselle). Méd. 3e cl. 1847.
BOSSANGE (Mlle Pauline). Méd. 3e cl. 1837.
BOUCHARDY (Étienne). Méd. 2e cl. 1834.
BOUGNEREAU (William). Gr. prix de Rome 1850.
BOULANGER (Louis), Verceil (Piémont). ✻ 1840.
BOULANGER (Mlle Élise). Méd. 2e cl. 1839.
BOULANGER (Gustave-Rodolphe), Paris. Gr. prix de Rome 1849.
BOUQUET (Michel), Lorient. Méd. 2e cl. 1847-1848.
BOURDIER (Dieudonné), Versailles. Méd. 3e cl. 1843.
BOURDON (Pierre-Michel), Paris. Méd. 2e cl. 1806.
BOURGE (Mme Juliette de), Paris. Méd. 2e cl. 1843.
BOURGEOIS (Amédée), Paris. Méd. 2e cl. 1828.
BOUTERWEK (Frédéric), Tarnowitz (Prusse). Méd. 1re cl. 1841.
BOUTIBONNE (Edmond), Pesth (Hongrie). Méd. 3e cl. 1847.
BOUTON (Charles-Marie), Paris. ✻ 1825.
BOYENVAL (Alexis-François), Paris. Méd. 2e cl. 1819.
BRASCASSAT (Jacques-Raymond), Bordeaux. ✻ 1837. M. de l'Inst. 1846.
BRÉMOND (Jean-François), Paris. Méd. 2e cl. 1833.
BRESSON (Mlle Sophie). Méd. 3e cl. 1835.
BRIENNE (Auguste), Paris. Méd. 3e cl. 1846.
BRISOU (Émile). Méd. 3e cl. 1835.
BRISSET (Pierre-Nicolas), Paris. Méd. 2e cl. 1847.
BROCHART-LEGOST (Mme). Méd. 3e cl. 1835.
BROSSARD (André), La Rochelle. Méd. 3e cl. 1843.
BRUNE (Adolphe), Paris. Méd. 1re cl. 1838-1848.
BRUNE (Mme, née PAGÈS), Paris. Méd. 1re cl. 1841.
BUCHON (Mlle Honorine). Méd. 3e cl. 1837.

CABANEL (Alexandre), Montpellier. Gr. prix de Rome 1845. Méd. 2e cl. 1852.
CABAT (Louis), Paris. ✻ 1843.
CAILLET (Mlle Eulalie). Méd. 3e cl. 1836.

CALAMATTA (Mme Joséphine). Méd. 2e cl. 1845.
CALAME (Alexandre), Vevay. ✳ 1842.
CALLOW (William), Grenwich. Méd. 3e cl. 1840.
CAMINADE (Alexandre-François), Paris. ✳ 1833.
CANELLA (Joseph). Méd. 2e cl. 1831.
CANON (Louis), Paris. Méd. 3e cl. 1838.
CANZI (Auguste). Méd. 3e cl. 1838.
CARBILLET (Prudent-J.-B.), Essoye (Aube). Méd. 3e cl. 1841.
CARELLI (Gonzalvo), Naples. Méd. 3e cl. 1843.
CARNEVALI (P.-F.-A.), Barcelone. Méd. 3e cl. 1839.
CARRIER (Auguste-Joseph), Paris. Méd. 1re cl. 1837.
CASSEL (Félix), Lyon. Méd. 2e cl. 1846.
CATEL (François). Méd. 3e cl. 1838.
CAZES (Romain), Saint-Béat (Haute-Garonne). Méd. 3e cl. 1839.
CHABAL-DUSSURGEY (Pierre-Adrien), Lyon. Méd. 2e cl. 1847.
CHACATON (Henri de), Moulins. Méd. 2e cl. 1844-1848.
CHAMPIN (Jean-Jacques), Sceaux. Méd. 1re cl. 1831.
CHAMPMARTIN (Charles-Émile), Bourges. ✳
CHAPLIN (Charles), Andelys. Méd. 2e cl. 1852.
CHARPENTIER (Eugène-Louis), Paris. Méd. 3e cl. 1841.
CHARPENTIER (Auguste), Paris. Méd. 2e cl. 1840.
CHARON (Benjamin-Théophile), Paris. Méd. 3e cl. 1839.
CHASSELAT-SAINT-ANGE (Henri-Jean). Méd. 3e cl. 1838.
CHASSERIAU (Théodore), Samana (Amérique espagnole). ✳ 1849.
CHATILLON (Auguste de), Paris. Méd. 2e cl. 1847.
CHAVASSIEU (Mlle). Méd. 2e cl. 1824.
CHAZAL (Antoine), Paris. ✳ 1838.
CHAZAL (Charles-Camille), Paris. Méd. 3e cl. 1851.
CHEREAU (Mlle Antonine), Riceys (Aube). Méd. 3e cl. 1845.
CHEVANDIER-DE VALDROME (Paul), Saint-Quirin (Meurthe). Méd. 2e cl. 1851.
CHIFFLARD (François-Nicolas), Saint-Omer (Pas-de-Calais). Gr. prix de Rome 1851.
CHOUVET (Mme Louise), Toulon. Méd. 3e cl. 1847.
CIBOT (Édouard), Paris. Méd. 1re cl. 1843.
CICÉRI (Pierre-Luc-Charles), Saint-Cloud. ✳ 1825.
CICÉRI (Eugène), Paris. Méd. 3e cl. 1852.
CLERGET-MELLING (Mme), Méd. 2e cl. 1831.
CLÉRIAN (Thomas-Joseph), Aix. Méd. 1re cl. 1828.
COGNIET (Léon), Paris. O ✳ 1846. M. de l'Inst. 1849.
COGNIET (Mlle Amélie). Méd. 2e cl. 1833.
COIGNARD (Louis), Mayenne (Mayenne). Méd. 1re cl. 1848.
COIGNET (Jules), Paris. ✳ 1836.
COLAS (Alphonse), Lille (Nord). Méd. 3e cl. 1849.
COLIN (Alexandre), Paris. Méd. 1re cl. 1840.
COLIN (Mlle Anaïs). Méd. 3e cl. 1844.

COMAIRAS (Philippe), Saint-Germain-en-Laye. Méd. 2e cl. 1838.
COMPTE-CALIX (François-Claudius), Lyon. Méd. 3e cl. 1844.
COMTE (Pierre-Charles), Paris. Méd. 3e cl. 1852.
CONSTANTIN (Sébastien). Méd. 3e cl. 1840.
CORNU (Sébastien), Lyon. Méd. 1re cl. 1845.
COROT (Jean-Baptiste-Camille), Paris. ※ 1846.
COUDER (Louis-Charles-Auguste), Paris. O ※ 1841. M. de l'Inst. 1839.
COUDER (Alexandre), Paris. Méd. 3e cl. 1836.
COURBET (Gustave), Ornans (Doubs). Méd. 2e cl. 1849.
COURDOUAN (Vincent-Joseph-François), Toulon. ※ 1852.
COURT (Joseph-Désiré), Rouen. ※ 1838.
COUTEL (Antoine), Aix. Méd. 2e cl. 1847.
COUTURE (Thomas), Senlis (Oise). ※ 1848.
COUVELEY (Adolphe). Méd. 3e cl. 1839.

DAGNAN (Isidore), Marseille. ※ 1836.
DAMERY (Eugène-Jean), Paris. Gr. prix de Rome 1843.
D'ANDIRAN (Frédéric). Méd. 3e cl. 1841.
DASSY (J.), Marseille. Méd. 2e cl. 1824.
DAUBIGNY (Pierre). Méd. 3e cl. 1833.
DAUBIGNY (Mme). Méd. 3e cl. 1834.
DAUBIGNY (Charles-François), Paris. Méd. 2e cl. 1848.
DAUPHIN (François-Gustave), Belfort. Méd. 2e cl. 1845.
DAUZATS (Adrien), Bordeaux. ※ 1837.
DAVID (Maxime), Châlons-sur-Marne. ※ 1851.
DEBAY (Auguste-Hyacinthe), Nantes. Méd. 1re cl. 1831.
DEBON (Hippolyte), Paris. Méd. 2e cl. 1846-1848.
DECAMPS (Alexandre-Gabriel). O ※ 1851.
DECOENC (Henri). Méd. 2e cl. 1837.
DEDRÉE (Adrien), Paris. Méd. 3e cl. 1841.
DEDREUX-DORCY (P.-J.), Paris. Méd. 2e cl. 1810-1817.
DEDREUX (Alfred). Méd. 2e cl. 1844-1848.
DEHAUSSY (Jules), Péronne (Somme). Méd. 3e cl. 1836.
DEHODENCQ (Alfred), Paris. Méd. 3e cl. 1846.
DELABORDE (Henri). Méd. 1re cl. 1847.
DELACLUZE (J.-E.-Pascal-Martin), Paris. Méd. 2e cl. 1810.
DELACROIX (Eugène). O ※ 1846.
DELACROIX (Auguste), Boulogne-sur-Mer. Méd. 1re cl. 1846.
DELAPORTE-BESSIN (Mme), Paris. Méd. 3e cl. 1839.
DELAROCHE (Paul), Paris. O ※ 1834. M. de l'Inst. 1832.
DELATTRE (Henri), Saint-Omer. Méd. 3e cl. 1844.
DELAVAL (Pierre-L.), Paris. Méd. 2e cl. 1817.
DELÉCLUZE (Étienne-Jean). ※ 1833.
DELIGNY (Théodore). Méd. 2e cl. 1831.

DELORME (P.-C.-François), Paris. ❋ 1841.
DELORME (J.). Méd. 2e cl. 1831.
DEMOUSSY (Augustin), Paris. Méd. 3e cl. 1837.
DESGOFFE (Alexandre), Paris. Méd. 1re cl. 1845.
DESNOS (Mme Louise), Paris. Méd. 2e cl. 1835.
DESPORTES (Mme Emma). Méd. 2e cl. 1842.
DESTOUCHES (Paul-Émile), Dampierre. Méd. 1re cl. 1819-1828.
DETOUCHE (Laurent), Reims. Méd. 3e cl. 1841.
DEVÉRIA (Eugène), Paris. ❋ 1838.
DEVÉRIA (Achille), Paris. Méd. 2e cl. 1837.
DEVÉRIA (Mlle Laure). Méd. 3e cl. 1837.
DEVERS (Joseph), Turin. Méd. 3e cl. 1849.
DEVILLY (Théodore), Metz. Méd. 3e cl. 1852.
DEYROLLE (Lucien), Paris. Méd. 3e cl. 1847.
DIAZ DE LA PÊNA (Narcisse), Bordeaux. ❋ 1851.
DIDAY (François), Genève. ❋ 1842.
DIDIER (Mme, née BIGNET), Paris. Méd. 2e cl. 1824.
DIETERLE. ❋ 1852.
DIETZ (Fœdor). Méd. 3e cl. 1839.
DOLLET (Victor). Méd. 3e cl. 1847.
DOLLY (Mlle Sophie). Méd. 3e cl. 1846.
DUBASTY (Adolphe-Henri), Paris. Méd. 3e cl. 1845.
DUBOIS (François), Paris. Gr. prix de Rome 1819. Méd. 1re cl. 1831.
DUBOULOZ (Jean-Auguste), Paris. Méd. 2e cl. 1840.
DUBUFE (Claude-Marie), Paris. ❋ 1837.
DUBUFE (Édouard), Paris. Méd. 1re cl. 1844.
DUBUISSON (Alexandre). Méd. 3e cl. 1844.
DUCLAUX, Lyon. Méd. 1re cl. 1817.
DUCLUZEAU (Mme Adélaïde). Méd. 1re cl. 1843.
DUCORNET (Louis-César-Joseph), Lille. Méd. 1re cl. 1843.
DULONG (Jean-Louis), Astaffort (Lot-et-Garonne). Méd. 3e cl. 1844.
DUPORT (Mme Adrienne), Paris. Méd. 3e cl. 1838.
DUPRÉ (François-Xavier), Paris. Gr. prix de Rome 1827.
DUPRÉ (Jules), Nantes. ❋ 1849.
DUPRÉ (Léon-Victor), Limoges. Méd. 3e cl. 1849.
DUPRESSOIR (Joseph-François), Paris. Méd. 3e cl. 1836.
DUPUIS (Alexandre). ❋ 1838.
DURAND-BRAGER (Henri), Saint-Malo. ❋ 1844.
DURIEU (Mlle Virginie), Nîmes. Méd. 3e cl. 1846.
DUTAC (Antoine), Épinal (Vosges). Méd. 2e cl. 1817.
DUVAL LE CAMUS (Pierre), Lisieux. ❋ 1837.
DUVAL LE CAMUS (Jules-Alexandre), Paris. Méd. 2e cl. 1845.
DUVAUX (Jules), Bordeaux. Méd. 2e cl. 1848.
DUVEAU (Louis), Saint-Malo. Méd. 2e cl. 1848.

ÉGLÉ (Mlle Louise). Méd. 2e cl. 1848.
EMPIS (Mme), Paris. Méd. 2e cl. 1831.
ESBRAT (Raymond-Noël), Paris. Méd. 2e cl. 1847.
ETEX (Louis-Jules), Paris. Méd. 2e cl. 1833-1838.

FAIVRE DUFFER (Louis-Stanislas), Nancy. Méd. 3e cl. 1851.
FANELLI SEMAH (Louis), Toulon. Méd. 3e cl. 1844.
FAURE (Amédée), Paris. Méd. 2e cl. 1833.
FAUVELET (Jean), Bordeaux. Méd. 2e cl. 1848.
FAVAS (Daniel), Genève. Méd. 3e cl. 1845.
FAY (Joseph), Cologne. Méd. 3e cl. 1845.
FÉRAUD (Vincent), Marseille. Méd. 3e cl. 1836.
FÉRON (Éloi-Firmin). Paris. Gr. prix de Rome 1826. ※ 1841.
FERRET (Pierre-César), Saint-Germain-en-Laye. Méd. 3e cl. 1839.
FILHOL (Mlle Sophie), Paris. Méd. 1re cl. 1846.
FINART (Noël-Dieudonné), Condé. Méd. 3e cl. 1840.
FLACHERON (Isidore), Lyon. Méd. 3e cl. 1841.
FLANDIN (Eugène), Naples. ※ 1842.
FLANDRIN (Hippolyte), Lyon. ※ 1841.
FLANDRIN (Jean-Paul), Lyon. ※ 1852.
FLERS (Camille), Paris. ※ 1849.
FLEURY (Léon), Paris. ※ 1851.
FONTAINE (Edme-Adolphe), Noisy-le-Grand (Seine-et-Oise). Méd. 3e cl. 1852.
FONTENAY (Alexis de), Paris. Méd. 2e cl. 1844.
FORESTIER (Henri-Joseph), Saint-Domingue. Gr. prix de Rome 1813. ※ 1832.
FORT (Antoine-Siméon), Valence (Drôme). ※ 1842.
FORTIN (Charles), Paris. Méd. 1re cl. 1849.
FOSSIN (Jean-Baptiste), Paris. Méd. 3e cl. 1847.
FOUCAUCOURT (Édouard de), Foucaucourt (Somme). Méd. 3e cl. 1846.
FOUGÈRE (Mlle Amanda), Coutances. Méd. 3e cl. 1847.
FOUQUET (Louis-Vincent), Orléans. Méd. 2e cl. 1833.
FRADEL (De). Méd. 3e cl. 1834.
FRANÇAIS (Louis-François), Plombières (Vosges). Méd. 1re cl. 1848.
FRANCESCO (Benjamin de), Naples. Méd. 3e cl. 1844.
FRANQUE (Jean-Pierre), au Buis (Drôme). ※ 1836.
FREMY (Jacques-Noël-Marie), Paris. Méd. 2e cl. 1817.
FRÈRE (Charles-Théodore), Paris. Méd. 2e cl. 1848.
FRÈRE (Pierre-Édouard), Paris. Méd. 2e cl. 1852.
FROMENTIN (Eugène), La Rochelle. Méd. 2e cl. 1849.

GALIMARD (Auguste-Nicolas), Paris. Méd. 2e cl. 1846.
GALLAIT (Louis), Tournai (Belgique). ※ 1841.
GARIOT (César-Paul), Toulouse. Méd. 3e cl. 1843.
GARNERAY (Louis-Ambroise), Paris. ※ 1852.

GARNEREY (Hippolyte), Paris. Méd. 2e cl. 1812.
GAUTIER (Mlle Eugénie), Paris. Méd. 2e cl. 1845.
GAVARNI. ✱ 1852.
GAYE (Joseph), Tarbes. Méd. 3e cl. 1837.
GEEFS (Mme Fanny). Méd. 2e cl. 1845.
GEFFROY (Edmond), Maignelay (Oise). Méd. 2e cl. 1841.
GEIRNAERT, Gand (Belgique). Méd. 2e cl. 1835.
GELIBERT (Pierre-Paul), Laforce (Aude). Méd. 3e cl. 1843.
GENDRON (Auguste), Paris. Méd. 2e cl. 1849.
GENOD (Michel-Philibert), Lyon. Méd. 2e cl. 1819.
GERNON (Édouard de), Tours. Méd. 2e cl. 1842.
GÉROME (Jean-Léon), Vesoul (Haute-Saône). Méd. 2e cl. 1848.
GESLIN (Jean), Paris. Méd. 3e cl. 1845.
GIBERT (Jean-Baptiste), Pointe-à-Pitre. Gr. prix de Rome 1829.
GIBERT (A.). Méd. 3e cl. 1841.
GIGOUX (Jean-François), Besançon. ✱ 1842.
GIRARDET (Karl), Neufchâtel (Suisse). Méd. 2e cl. 1842.
GIRARDET (Édouard), Neufchâtel (Suisse). Méd. 2e cl. 1847.
GIRARDIN (Mme Pauline), Paris. Méd. 3e cl. 1846.
GIRAUD (Pierre-François-Eugène). ✱ 1851.
GIRODON (Alphonse). Méd. 3e cl. 1844.
GIROUARD (Mlle Henriquetta), Lisbonne. Méd. 3e cl. 1847.
GIROUX (André), Paris. ✱ 1837.
GIROUX (Achille), Mortagne (Orne). Méd. 2e cl. 1848.
GLAIZE (Auguste-Barthélemy), Montpellier. Méd. 1re cl. 1845.
GLEYRE (Charles), Chevilly (Suisse). Méd. 1re cl. 1845.
GOBAUT (Gaspard), Paris. Méd. 3e cl. 1847.
GOBLIN (Mlle Stéphanie), Chartres. Méd. 3e cl. 1845.
GODDÉ (Jules), Paris. Méd. 3e cl. 1845.
GOMIEN (Charles), Villers-lès-Nancy. Méd. 2e cl. 1844.
GOSSE (Nicolas-Louis-François), Paris. ✱ 1828.
GOTZEL (Mme Joséphine), Milan. Méd. 3e cl. 1843.
GOUREAU (C.). Méd. 2e cl. 1833.
GOURLIER (Paul), Paris. Méd. 3e cl. 1841.
GOYET (Eugène), Châlon-sur-Saône. Méd. 1re cl. 1839.
GOYET (Mme Zoé). Méd. 3e cl. 1837.
GRAEFLÉ (Albert), Fribourg (Bade). Méd. 3e cl. 1846.
GRAILLY (Victor de), Paris. Méd. 2e cl. 1844.
GRANGER (Mlle Palmyre), Paris. Méd. 3e cl. 1841.
GRATIA (Charles-Louis), Rembervillc (Vosges). Méd. 3e cl. 1844.
GRENIER (Saint-Martin-François), Paris. ✱ 1841.
GROLIG (Curt), Dresde (Saxe). Méd. 3e cl. 1845.
GRONLAND (Claude). Méd. 1re cl. 1848.
GROSCLAUDE (Louis), Locle (Neufchâtel). Méd. 1re cl. 1845.

GRÜN (Mme Eugénie), Valenciennes. Méd. 3e cl. 1845.
GUDIN (Théodore), Paris. O ✳ 1841.
GUÉ (Oscar), Bordeaux. Méd. 2e cl. 1840.
GUÉRIN (Paulin). ✳ 1822.
GUERMANN BOHN (Auguste), Stuttgard (Wurtemberg). Méd. 2e cl. 1849.
GUÊT (Charlemagne-Oscar), Meaux. ✳ 1846.
GUIAUD (Jacques), Chambéry. Méd. 2e cl. 1846.
GUICHARD (Joseph), Lyon. ✳ 1851.
GUIGNET (Jean-Baptiste), Autun. Méd. 1re cl. 1842.
GUIGNET (Adrien). Méd. 2e cl. 1848.
GUILLEMIN (Alexandre-Marie), Paris. Méd. 2e cl. 1845.
GUIZARD (Mme Clémence de), Paris. Méd. 3e cl. 1846.
GUYOT (Mlle Louise). Méd. 3e cl. 1841.

HAFFNER (Félix), Strasbourg. Méd. 2e cl. 1852.
HAILLECOURT (Mlle Caroline), Metz. Méd. 3e cl. 1841.
HAUSER (Édouard), Bâle. Méd. 3e cl. 1845.
HÉALY, Boston. Méd. 3e cl. 1840.
HÉBERT (Ernest-Antoine-Augte), Grenoble. Gr. prix de Rome 1839. Méd. 1re cl. 1851.
HÉDOUIN (Edmond), Boulogne-sur-Mer. Méd. 2e cl. 1848.
HEIM (F.-J.), Belfort (H.-Rhin). Gr. prix de Rome 1807. ✳ 1825. M. de l'Inst. 1829.
HERBÉ (Auguste), Reims. Méd. 3e cl. 1837.
HERBELIN (Mme, née J.-M. HABERT), Brunoy (S.-et-O.). Méd. 1re cl. 1847-1848.
HÉROULT (Antoine-Désiré), Pont-l'Évêque (Calvados). Méd. 3e cl. 1842.
HERSENT (Louis), Paris. O ✳ 1824. M. de l'Inst. 1822.
HERSENT (Mme, née Louise MAUDUIT). Méd. 1re cl. 1819.
HERTRICH (Michel), Turkheim (Haut-Rhin). Méd. 3e cl. 1845.
HESSE (Nicolas-Auguste), Paris. Gr. prix de Rome 1818. ✳ 1840.
HESSE (Alexandre-J.-B.), Paris. ✳ 1842.
HILDEBRANDT (Édouard), Dantzick. Méd. 3e cl. 1843.
HILDEBRANDT (Frédéric), Dantzick. Méd. 2e cl. 1848.
HILLEMACHER (Eugène-Ernest), Paris. Méd. 2e cl. 1848.
HOGUET (Charles), Berlin. Méd. 2e cl. 1848.
HOLFELD (Hippolyte), Paris. Méd. 2e cl. 1842.
HORNUNG (J.), Genève. Méd. 3e cl. 1840.
HOSTEIN (Édouard-Jean-Marie), Pléhédel (Côtes-du-Nord). ✳ 1846.
HOUEL (Charles), Paris. Méd. 3e cl. 1846.
HUBERT (Jean-Baptiste-Louis), Paris. Méd. 2e cl. 1831.
HUET (Paul), Paris. ✳ 1841.
HUGARD (Claudius-Sébastien), Cluses (Savoie). Méd. 2e cl. 1846.
HUMBERT (Charles), Genève. Méd. 3e cl. 1842.
HUNIN (A.-Louis), Malines. Méd. 2e cl. 1845.
HUSSENOT (Jacques-Marcel-Auguste), Courcelles (Haute-Marne). Méd. 3e cl. 1846.

INGRES (Jean-Auguste-Dominique), Montauban. C ✻ 1845. M. de l'Inst. 1825.
ISABEY (Jean-Baptiste), Nancy. C ✻ 1853.
ISABEY (Louis-Gabriel-Eugène), Paris. O ✻ 1852.

JACOB (Isaac), Orléans. Méd. 3e cl. 1842.
JACOB (Nicolas-Henri), Paris. ✻ 1838.
JACOBBER, Bliecastel (Bavière). ✻ 1843.
JACQUAND (Claudius), Lyon. ✻ 1839.
JADELOT (Mme Sophie, née WEYER), Metz (Moselle). Méd. 2e cl. 1848.
JADIN (Louis-Godefroid), Paris. Méd. 1re cl. 1848.
JALABERT (Charles-François), Nîmes. Méd. 2e cl. 1851.
JANET (Mlle Adèle). Méd. 3e cl. 1838.
JANMOT (Louis), Lyon. Méd. 3e cl 1845.
JEANRON (Philippe-Auguste), Boulogne-sur-Mer. Méd. 2e cl. 1833.
JOBBÉ DUVAL (Félix), Carhaix (Finistère). Méd. 3e cl. 1851.
JOLLIVET (Pierre-Jules), Paris. ✻ 1851.
JOLY (Alexis-Victor), Paris. Méd. 2e cl. 1828.
JONGKIND (J.-B.), Hollande. Méd. 3e cl. 1852.
JOURDY (Paul), Dijon. Méd. 1re cl. 1847.
JOURNET (Mlle Élise), Paris. Méd. 3e cl. 1840.
JOUY (Joseph-Nicolas), Paris. Méd. 1re cl. 1839.
JOYANT (Jules), Paris. ✻ 1852.
JOYARD (Angel), Lyon. Méd. 3e cl. 1846.
JUGELET (Auguste), Brest. ✻ 1847.
JUILLERAT (Mme, née GÉRARD), Lyon. Méd. 1re cl. 1841.
JULIARD (Alexandre), Orléans. Méd. 3e cl. 1846.
JUNG (Théodore), Strasbourg. Méd. 3e cl. 1841.

KANZ. Méd. 3e cl. 1839.
KEYSER (de), Anvers. Méd. 2e cl. 1840.
KIORBOE (Charles-Frédéric), Stockolm. Méd. 2e cl. 1846.
KOEKKOCK (B.-C.). Méd. 2e cl. 1843.
KOHLER (Ch.), Dusseldorf. Méd. 3e cl. 1839.
KRUMHOLZ (Ferdinand), Hof (Moravie). Méd. 3e cl. 1841.
KRUSEMAN (C.). Méd. 3e cl. 1844.
KUHNEN (L.). Méd. 3e cl. 1846.
KUWASSEG (Carll). Méd. 3e cl. 1845.

LABOUCHÈRE (Pierre-Antoine), Nantes. Méd. 2e cl. 1846.
LABOUHÈRE (Tancrède de), Angers. ✻ 1823.
LACROIX (Gaspard), Turin. Méd. 2e cl. 1843-1848.
LAEMLEIN (Alexandre), Hohenfeld (Bavière). Méd. 2e cl. 1843.
LAFAYE (Prosper), Mont-Saint-Sulpice (Yonne). Méd. 2e cl. 1835.
LAFON (Émile), Périgueux. Méd. 3e cl. 1843.
LAMBINET (Émile), Versailles. Méd. 3e cl. 1843.

LAMME (A.), Rotterdam. Méd. 3e cl. 1845.
LAMY (Eugène), Paris. ※.
LANDELLE (Charles), Laval. Méd. 1re cl. 1848.
LANGLACÉ, Paris. Méd. 1re cl. 1831.
LANGLOIS (Charles), Beaumont (Calvados). Méd. 1re cl. 1834.
LANGRAND (Mme, née MICHEL), Paris. Méd. 3e cl. 1843.
LANOUE (Félix-Hippolyte), Versailles. Gr. prix de Rome 1841. Méd. 1re cl. 1847.
LANSAC (Émile-François de), Tulle. Méd. 2e cl. 1838.
LAPIERRE (Émile), Paris. Méd. 2e cl. 1848.
LAPITO (Louis-Auguste), Saint-Maur (Seine). ※ 1836.
LARIVIÈRE (Charles-Philippe), Paris. ※ 1836.
LASSALE-BORDES (Gustave), Auch. Méd. 3e cl. 1847.
LATIL (François-Vincent), Aix. Méd. 1re cl. 1841.
LATIL (Mme Eugénie, née HENRY). Méd. 2e cl. 1841.
LAUGÉE (François-Désiré), Maromme (Seine-Inférieure). Méd. 3e cl. 1851.
LAURE (Jules), Grenoble. Méd. 3e cl. 1836.
LAURENT (Mme Pauline), Paris. Méd. 1re cl. 1846.
LAUVERGNE (Barthélemy), Toulon. Méd. 3e cl. 1839.
LAVAUDEN (Alphonse), Lyon. Méd. 3e cl. 1838.
LAVERGNE (Claudius), Lyon. Méd. 3e cl. 1845.
LAVERNE (Charles Duboy de). Méd. 3e cl. 1846.
LAVIEILLE (Eugène), Paris. Méd. 3e cl. 1849.
LAZERGES (Hippolyte-Jean-Raimond), Narbonne. Méd. 2e cl. 1848.
LEBARON (Mlle), Caen. Méd. 2e cl. 1839.
LEBAS (Gabriel-Hippolyte), Paris. Méd. 3e cl. 1845.
LEBLANC (Alexandre), Châteauneuf. ※ 1840.
LEBOUYS (Auguste), Honfleur. Gr. prix de Rome 1841.
LECOINTE (Charles-Joseph), Paris. Méd. 3e cl. 1844.
LECOMTE (Émile), Paris. Méd. 3e cl. 1846.
LECOMTE (Pierre), Paris. Méd. 2e cl. 1824.
LECOMTE (Ch.-J.). Gr. prix de Rome 1849.
LECURIEUX (Jacques-Joseph), Dijon. Méd. 2e cl. 1846.
LEDUC (Mlle Amélie). Méd. 3e cl. 1835.
LEFEBVRE (Charles), Paris. Méd. 1re cl. 1845.
LEHMANN (Charles-Ernest-Rodolphe-Henri), Kiel. ※ 1846.
LEHMANN (Rodolphe), Kiel. Méd. 2e cl. 1845-1848.
LEHOUX (Pierre-François), Paris. Méd. 2e cl. 1833.
LEIENDECKER (Joseph). Méd. 3e cl. 1844.
LELEUX (Adolphe), Paris. Méd. 2e cl. 1843-1848.
LELEUX (Armand), Paris. Méd. 2e cl. 1847-1848.
LELOIR (Jean-Baptiste-Auguste), Paris. Méd. 2e cl. 1841.
LELOIR (Mme, née COLIN), Paris. Méd. 3e cl. 1844.
LEMASLE (Louis-Nicolas), Paris. ※ 1825.
LEMUDE (Aimé-François-Joseph de), Thionville. Méd. 3e cl. 1844.

LENEPVEU (Jules-Eugène), Angers. Gr. prix de Rome 1847.
LÉOMENIL (Mme Laure de), Condé. Méd. 3e cl. 1835.
LEPAULLE (Guillaume-François-Gabriel), Versailles. Méd. 2e cl. 1831
LEPEUT (Mlle Armide), Paris. Méd. 3e cl. 1845.
LEPOITTEVIN (Eugène), Paris. ✻ 1843.
LEQUEUTRE (Joseph-Hippolyte), Dunkerque. Méd. 2e cl. 1831.
LEROUX DE LINCY (Mme), Paris. Méd. 3e cl. 1845.
LEROUX (Marie-Guillaume-Charles), Nantes. Méd. 2e cl. 1846-1848.
LESECQ (Henri), Paris. Méd. 3e cl. 1845.
LESOURD-DELISLE (Mlle). Méd. 3e cl. 1838.
LESOURD DE BEAUREGARD, Paris. Méd. 3e cl. 1842.
LESSING (Ch.-Frédéric). Méd. 3e cl. 1837.
LESSORE (Émile). Méd. 2e cl. 1831.
LESTANG-PARADE (Léon de). Méd. 1re cl. 1838.
LETANG (Henri de), Paris. Méd. 3e cl. 1838.
LEULLIER (Louis-Félix), Paris. Méd. 2e cl. 1841.
LEYS (Henri). Méd. 3e cl. 1846.
LOBIN (Léopold), Loches. Méd. 3e cl. 1846.
LONGCHAMP (Mlle Henriette de). Méd. 2e cl. 1848.
LOTTIER (Louis), Haye-du-Puits (Manche). Méd. 3e cl. 1852.
LOUBON (Émile), Aix. Méd. 3e cl. 1842.
LOUSTAU (Jacques-Léopold), Sarrelouis. Méd. 3e cl. 1842.
LOUGARDON (Jean-Léonard), Genève. Méd. 2e cl. 1831.
LUMINAIS (Évariste), Nantes. Méd. 3e cl. 1852.

MADRAZO (Frédéric de), Madrid. Méd. 1re cl. 1845.
MAILAND (Gustave), Paris. Méd. 3e cl. 1837.
MAILLE-SAINT-PRIX (Louis), Paris. Méd. 2e cl. 1844.
MAISON (Eugène), Les Riceys. Méd. 3e cl. 1849.
MANZINI (Camille). Méd. 3e cl. 1836.
MARANDON DE MONTYEL (Bruno-Édouard-Ferd.), Bordeaux. Méd. 1re cl. 1841. ✻ 1828.
MARCHAIS (Pierre-Antoine), Paris. Méd. 3e cl. 1847.
MARÉCHAL (Charles), Metz. Méd. 1re cl. 1841.
MARQUIS (Pierre-Charles), Tonnerre (Yonne). Méd. 3e cl. 1836.
MARSAUD (Mme, née LAFON). Méd. 2e cl. 1839.
MARTERSTEIG (Frédéric), Weimar. Méd. 2e cl. 1845.
MARTIN (John), Londres. Méd. 1re cl. 1835.
MARTIN (Mlle Irma), Lyon. Méd. 2e cl. 1837.
MARTIN (Mlle Adèle). Méd. 3e cl. 1833.
MARZOCCHI (Tito), dit BELLUCCHI, Florence. Méd. 2e cl. 1846.
MATHIEU (Auguste), Dijon. Méd. 3e cl. 1842.
MAYER (Auguste-Étienne-François), Brest. ✻ 1839.
MEISSONIER (Jean-Louis-Ernest), Lyon. ✻ 1846.
MELIGNAN (Louis), Mezin (Lot-et-Garonne). Méd. 3e cl. 1839.

MELIN (Joseph), Paris. Méd. 2e cl. 1845.
MERCEY (Frédéric de), Paris. ※.
MEUNIER (Jean-Baptiste), Orléans. ※.
MEURET (François), Nantes. Méd. 1re cl. 1843.
MEYER (Louis), Amsterdam. ※ 1847.
MIDY (A.). Méd. 3e cl. 1835.
MILLET (Frédéric), Charlieu (Loire). Méd. 1re cl. 1828.
MOENCH (Charles-Victor-Frédéric), Paris. Méd. 2e cl. 1817.
MOLIN (Benoit-Hermogaste), Chambéry. Méd. 3e cl. 1837.
MOLLER (Johannes), Lubeck. Méd. 2e cl. 1845.
MONTESSUY, Lyon. Méd. 2e cl. 1849.
MONTFORT (Alphonse). Méd. 3e cl. 1837.
MONTHELIER (A.-J.). Méd. 2e cl. 1824.
MONTPEZAT (Henri de). Méd. 3e cl. 1845.
MONVOISIN (Raymond), Bordeaux. ※.
MONVOISIN (Mme), Rome. Méd. 3e cl. 1841.
MOREL-FATIO (Antoine-Léon), Rouen. ※ 1846.
MOTTEZ (Victor-Louis), Lille. ※ 1846.
MOUCHY (Émile-Édouard), Paris. Méd. 2e cl. 1824.
MOZIN (Charles-Louis), Paris. Méd. 1re cl. 1837.
MULARD (Mlle Henriette), Paris. Méd. 3e cl. 1840.
MULLER (Charles-François), Paris. Méd. 3e cl. 1837.
MULLER (Charles-Louis), Paris. ※ 1849.
MURAT (Jean), Felletin (Creuse). Gr. prix de Rome 1837. Méd. 1re cl. 1844.
MUSSINI (Louis), Florence. Méd. 3e cl. 1849.
MUTEL (Mlle Herminie), Reims. Méd. 1re cl. 1845.

NAIGEON (Elzidor), Paris. ※ 1843.
NANTEUIL (Célestin), Rome. Méd. 2e cl. 1848.
NANTEUIL GAUGIRAN (Charles), Paris. Méd. 3e cl. 1846.
NAVEZ (François-Joseph), Charleroi. Méd. 1re cl. 1834.
NÈGRE (Charles), Grasse (Var). Méd. 3e cl. 1851.
NEPVEU (Mme). Méd. 3e cl. 1833.
NODE (Charles), Montpellier. Méd. 3e cl. 1845.
NORBLIN (Sébastien-Louis-Wilhem). Gr. prix de Rome 1825. Méd. 1re cl. 1844.
NOUSVEAUX (Édouard). ※ 1847.

ODIER (Édouard-Alexandre), Rambourg. ※ 1846.
ODIOT (Mme S.). Méd. 3e cl. 1847.
OLIVIER (Jean-Charles), Bruxelles. Méd. 3e cl. 1841.
OMER-CHARLET, Château (île d'Oleron). Méd. 2e cl. 1843.
OTTEVAERE. Méd. 2e cl. 1833.
OUVRIÉ (Justin), Paris. Méd. 1re cl. 1843.

PALIZZI (Joseph), Naples. Méd. 2e cl. 1848.
PARIS (Joseph-François), Naples. 3e cl. 1835.
PASSOT (Gabriel-Aristide), Nevers. ✻ 1852.
PATRY (Alexandre-Louis), Paris. Méd. 3e cl. 1845.
PAU-SAINT-MARTIN (Alexandre), Paris. Méd. 2e cl. 1824.
PAULINIER (Mme). Méd. 2e cl. 1835.
PELEZ DE CORDOBA (Fernand), Paris. Méd. 3e cl. 1852.
PELLETIER (Laurent-Joseph), Eclaron (Haute-Marne). Méd. 2e cl. 1846.
PENGUILLY-L'HARIDON (Octave), Paris. Méd. 2e cl. 1848.
PERIGNON (Alexis-Nicolas), Paris. Méd. 2e cl. 1824.
PERIGNON (Alexis) fils, Paris. Méd. 1re cl. 1844.
PÉRIN (Alphonse), Paris. Méd. 2e cl. 1828.
PERNOT (François-Alexandre), Vassy (Haute-Marne). ✻ 1846.
PÉRON (L.-Alexandre), Paris. Méd. 1re cl. 1835.
PERROT (Antoine), Paris. ✻ 1843.
PETIT (Jean-Louis), Paris. Méd. 1re cl. 1841.
PETIT (Savinien). Méd. 3e cl. 1844.
PFENNINGER (Mlle E.), Suisse. Méd. 3e cl. 1834.
PHELIPPES (Charles-François), Paris. ✻
PHILIPPE (Thomas-Auguste-Pierre), Paris. ✻ 1833.
PHILIPPOTEAUX (Henri-Emmanuel-Philippe), Paris. ✻ 1846.
PICARD-WASSET (Mme Ange). Méd. 3e cl. 1838.
PICHON (Pierre-Auguste), Sorèze (Tarn). Méd. 1re cl. 1846.
PICOT (François-Édouard), Paris. O ✻ 1852. M. de l'Institut 1836.
PICOU (Henri-Pierre), Nantes. Méd. 2e cl. 1848.
PIGAL (Edm.-Jean), Paris. Méd. 3e cl. 1834.
PIGNEROLLE (Charles-Marcel de). Méd. 2e cl. 1848.
PILLIARD (Jacques), Vienne (Isère). Méd. 2e cl. 1844-1848.
PILON (Mlle Agathe). Méd. 3e cl. 1840.
PILS (Isidore-Alexandre-Auguste), Paris. Gr. prix de Rome 1838. Méd. 2e cl. 1846.
PINGRET (Édouard), Saint-Quentin. ✻ 1839.
PLACE (Henri), Paris. Méd. 2e cl. 1848.
PLASSAN (Antoine-Émile), Bordeaux. Méd. 3e cl. 1852.
PLUYETTE (Auguste-Victor), Paris. Méd. 2e cl. 1851.
POIROT (Achille-Pierre), Alençon. Méd. 3e cl. 1847.
POLLET (Victor-Florence), Paris. Méd. 3e cl. 1845.
POMMAYRAC (Paul de), aux Antilles. ✻ 1852.
PORION (Charles), Amiens. Méd. 3e cl. 1844.
POUSSIN (Michel), Beaumont (Oise). Méd. 3e cl. 1845.
POYET (Léonard), Paris. Méd. 3e cl. 1837.
PRIEUR (R.-E.-Gabriel), La-Ferté-Gaucher. Gr. prix de Rome 1833. Méd. 2e cl. 1845.
PRON (Hector-Louis), Sezanne (Marne). Méd. 3e cl. 1849.
PURKIS (J.). Méd. 3e cl. 1846.

QUECQ (Jacques-Édouard), Cambrai. Méd. 2e cl. 1828.
QUESNET (Eugène), Paris. Méd. 2e cl. 1843.
QUINART (Charles-Louis-François), Valenciennes. Méd. 2e cl. 1824.

RAFFORT (Étienne), Châlon-sur-Saône. Méd. 1re cl. 1843.
RANG (Mme). Méd. 3e cl. 1838.
RAVERAT (Vincent-Nicolas), Moutier-Saint-Jean (Côte-d'Or). Méd. 3e cl. 1837.
RAVERGIE (Hippolyte), Paris. Méd. 3e cl. 1847.
REGNIER (J.-Auguste), Paris. ✻ 1837.
REGNY (Alphée de), Gênes. Méd. 3e cl. 1838.
REIGNIER (Jean), Lyon. Méd. 2e cl. 1848.
REMILLIEUX (Pierre-Étienne), Vienne (Isère). Méd. 2e cl. 1847.
REMOND (Jean-Charles-Joseph), Paris. Gr. prix de Rome 1821. ✻ 1834.
REVEST (Mlle Cornélie-Louise), Amsterdam. Méd. 2e cl. 1819-1831.
RIBAULT (Mlle Julie). Méd. 2e cl. 1824.
RIBERA (Carlos-Louis). Méd. 2e cl. 1845.
RICARD (Louis-Gustave), Marseille. Méd. 1re cl. 1852.
RICHARD, Lyon. ✻ 1824.
RICHARD (Théodore). Méd. 2e cl. 1831.
RICHAUD (Joseph), Aix. Méd. 2e cl. 1848.
RICHÉ (Mlle Adèle), Paris. Méd. 2e cl. 1831.
RICHOMME (Jules), Paris. Méd. 2e cl. 1842.
RICOIS (François-Edme), Courtalain (Eure-et-Loir). Méd. 2e cl. 1824.
RIÉSENER (Louis-Antoine-Léon), Paris. Méd. 3e cl. 1836.
RIOULT (Louis-Édouard), Montdidier. Méd. 1re cl. 1838.
RISS (François), Moscou. Méd. 3e cl. 1838.
RIVOULON (Antoine), Cusset (Allier). Méd. 3e cl. 1846.
ROBBE (Louis). Méd. 3e cl. 1844.
ROBERT (Alphonse), Sèvres. Méd. 2e cl. 1831.
ROBERT (Aurèle). Méd. 2e cl. 1831.
ROBERT (Victor), Le Puy (Haute-Loire). Méd. 3e cl. 1845.
ROBERT-FLEURY (Joseph-Nicolas). O ✻. Membre de l'Instit. 1850.
ROBERTI (Albert), Bruxelles. Méd. 2e cl. 1846.
ROBIE (Jean), Bruxelles. Méd. 3e cl. 1851.
ROCHARD (Mme, née BESSON), Paris. Méd. 3e cl. 1835.
ROCHE (Alexandre), Paris. Méd. 3e cl. 1849.
RODAKOWSKI (Henri), Lemberg (Gallicie). Méd. 1re cl. 1852
ROEHN (Adolphe-Eugène-Gabriel), Paris. ✻ 1832.
ROEHN (Alphonse-Jean) fils, Paris. Méd. 2e cl. 1828.
ROGER (Adolphe), Palaiseau (Seine-et-Oise). ✻ 1841.
ROGER (Eugène). Gr. prix de Rome 1833.
ROLLER (Jean), Paris. ✻ 1844.
RONDÉ (Philippe), Trèves (Prusse). Méd. 3e cl. 1838.
RONJON (Louis-Auguste), Paris. Méd. 2e cl. 1834.

ROQUEPLAN (Camille), Mallemort (Bouches-du-Rhône). O ☼ 1852.
ROUCHIER (Mme, née JASER). Méd. 3e cl. 1835.
ROUGEOT (Jean), Allanche (Cantal). Méd. 3e cl. 1833.
ROUGET (Georges), Paris. ☼ 1822.
ROUILLARD (Mme). Méd. 2e cl. 1824.
ROUSSEAU (Philippe), Paris. ☼ 1852.
ROUSSEAU (Théodore), Paris. ☼ 1852.
ROUX (Louis), Paris. Méd. 3e cl. 1846.
RUBIO (Louis), Rome. Méd. 3e cl. 1836.
RUDDER (Henri de), Paris. Méd. 2e cl. 1848.
RUDE (Mme, née FREMIET). Méd. 2e cl. 1833.

SAINT-ALBIN (Mme Céline-Hortensius de). Méd. 3e cl. 1845.
SAINT-EVRE (Gillot), Boult-sur-Suippe (Marne). ☼ 1833.
SAINT-JEAN (Simon), Lyon. ☼ 1843.
SCHÆFFER (Francisque), Paris. Méd. 3e cl. 1844.
SCHEFFER (Ary), Dordrecht. O ☼ 1835.
SCHEFFER (Gabriel). Méd. 3e cl. 1838.
SCHEFFER (Henry), La Haye. ☼ 1837.
SCHELFHOUT (André). Méd. 3e cl. 1844.
SCHIRMER (Jean-Guillaume). Méd. 3e cl. 1838.
SCHITZ (Jules), Paris. Méd. 3e cl. 1844.
SCHLESINGER (Guillaume). Francfort-sur-Mein. Méd. 2e cl. 1847.
SCHMITH (W.). Méd. 3e cl. 1843.
SCHNETZ (Jean-Victor), Versailles. O ☼ 1843. M. de l'Inst. 1837.
SCHOPIN (Henri-Frédéric), Lubeck. Gr. prix de Rome 1831. Méd. 1re cl. 1835.
SCHUTZENBERGER (Louis-Frédéric), Strasbourg. Méd. 3e cl. 1851.
SCHWIND (Édouard). Méd. 3e cl. 1843.
SCHWITER (Louis-Auguste, baron de), Niembourg (Hanovre). Méd. 3e cl. 1845.
SEBRON (Hippolyte), Caudebec. Méd. 1re cl. 1844.
SÉCHAN (Charles). ☼ 1849.
SEGUR (Gaston de), Paris. Méd. 3e cl. 1841.
SEIGNEURGENS (Louis-Auguste-Ernest), Amiens. Méd. 3e cl. 1846.
SERRET (Mlle Marie-Ernestine), Paris. Méd. 3e cl. 1840.
SERRUR (Calixte-Joseph), Lille. Méd. 2e cl. 1837.
SERVAN (Florentin), Lyon. Méd. 3e cl. 1846.
SEWRIN (Edmond), Paris. Méd. 3e cl. 1846.
SIGNOL (Émile), Paris. Gr. prix de Rome 1830. ☼ 1841.
SOLTAU (Hermann-Wilhelm). Méd. 3e cl. 1844.
SORIEUL (Jean), Rouen. Méd. 3e cl. 1851.
SOULÈS (Eugène), Paris. Méd. 3e cl. 1841.
SOYE (Mlle Caroline). Méd. 3e cl. 1838.
SPINDLER. Méd. 3e cl. 1833.
STATLER (Albert-Corneille). Méd. 3e cl. 1844.

STEINHEIL (Louis-Charles-Auguste), Strasbourg. Méd. 2e cl. 1848.
STEUBEN (Charles), Manheim. ✱ 1828.
STEUBEN (Alexandre), Paris. Méd. 3e cl. 1840.
STEVENS (Joseph), Bruxelles. Méd. 2e cl. 1852.
STORELLI (Félix-Marie-Ferdinand), Turin. ✱ 1825.
STORELLI (Ferdinand), Paris. Méd. 2e cl. 1840.
STURLER (Adolphe), Paris. Méd. 3e cl. 1842.
STURM (Henri-Pierre), Genève. Méd. 3e cl. 1842.

TANNEUR (Philippe), Marseille. ✱ 1834.
TASSAERT (Nicolas-François-Octave), Paris. Méd. 1re cl. 1849.
TEYTAUD (Alphonse), Lubersac (Corrèze). Méd. 3e cl. 1845.
THÉNOT (Jean-Pierre), Sivry-sur-Meuse. Méd. 3e cl. 1845.
THÉVENIN (Mlle Caroline), Lyon. Méd. 2e cl. 1843.
THÉVENIN (Mlle Rosalie), Lyon. Méd. 3e cl. 1849.
THIÉNON (Louis), Paris. Méd. 2e cl. 1846.
THIERRY (Joseph), Paris. Méd. 3e cl. 1844.
THUILLIER (Pierre), Amiens. ✱ 1843.
THUILLIER (Mlle Louise), Amiens. Méd. 3e cl. 1847.
TIMBAL (Louis-Charles), Paris. Méd. 2e cl. 1848.
TISSIER (Ange), Paris. Méd. 2e cl. 1847-1848.
TOULMOUCHE (Auguste), Nantes. Méd. 3e cl. 1852.
TOURNEMINE (Charles de), Toulon. ✱ 1853.
TOURNEUX (J.-F.-Eugène), Banthouzel (Nord). Méd. 3e cl. 1843.
TRÉZEL (Pierre-Félix), Paris. ✱ 1839.
TRIMOLET (Anthelme), Lyon. Méd. 2e cl. 1819.
TRIMOLET (Louis), Paris. Méd. 3e cl. 1839.
TROUVÉ (Nicolas-Eugène), Paris. Méd. 3e cl. 1846.
TROYON (Constant), Sèvres. ✱ 1849.
TURGAN (Mme), Paris. Méd. 3e cl. 1834.

VAINES (Maurice de), Bar-le-Duc. Méd. 3e cl. 1841.
VAN BRÉE (Philippe). Méd. 3e cl. 1840.
VAN DEN BERGHE (Charles-Auguste), Beauvais. ✱ 1839.
VAN DER BURCH (Jacques-Hippolyte), Paris. Méd. 2e cl. 1840.
VAN EYCKEN (Jean). Méd. 2e cl. 1847.
VAN GEENEN (Mlle Pauline), Strasbourg. Méd. 3e cl. 1842.
VAN MARCKE (Mme, née ROBERT). Méd. 3e cl. 1839.
VAN SCHENDEL (Petrus), Breda (Hollande). Méd. 2e cl. 1847.
VAN YSENDICK. Méd. 3e cl. 1840.
VARNIER (Jules), Valence (Drôme). Méd. 3e cl. 1842.
VAUCHELET (Théophile-Auguste). Méd. 1re cl. 1846.
VAUDECHAMP (Jean-Joseph), Ramberville (Vosges). Méd. 3e cl. 1843.
VERBOECKHOVEN (Eugène). Méd. 1re cl. 1841.

VERDIER (Marcel), Paris. Méd. 2e cl. 1848.
VERNET (Horace), Paris. C ※ 1842. Membre de l'Instit. 1826.
VETTER (Hégésippe-Jean), Paris. Méd. 2e cl. 1847-1848.
VIARDOT (Léon), Dijon. Méd. 2e cl. 1835.
VIDAL (Vincent), Carcassonne. ※ 1852.
VIEILLEVOYE (B.). Méd. 3e cl. 1844.
VIGNE (Édouard de), Gand (Belgique). Méd. 3e cl. 1844.
VIGNERON (Pierre-Roch), Vosnon (Aube). Méd. 2e cl. 1817.
VIGNON (François-Jules), Belfort. Méd. 3e cl. 1847.
VILDÉ (Mlle Claire). Méd. 2e cl. 1845.
VILLA AMIL (Genara-Perez de). Méd. 3e cl. 1842.
VILLERET (François-Étienne), Paris. Méd. 3e cl. 1384.
VINCHON (Jean-Baptiste-Auguste), Paris. Gr. prix de Rome 1814. ※ 1828.
VINIT (Charles-Léon), Paris. Méd. 3e cl. 1838.
VIOLLET LE DUC (Adolphe-Étienne), Paris. Méd. 3e cl. 1852.
VOULLEMIER (Mlle Antoinette), Châtillon-sur-Saône. Méd. 2e cl. 1845.

WAPPERS. ※ 1844.
WASCHMUTH (Ferdinand), Mulhouse. Méd. 2e cl. 1833.
WATELET (Louis-Étienne), Paris. ※ 1825.
WILLEMS (Florent). Méd. 2e cl. 1846.
WINTERHALTER (François). ※ 1839.
WINTERHALTER (Hermann). Méd. 3e cl. 1844.
WYLD (William), Londres. Méd. 2e cl. 1841.

YVON (Adolphe), le Hâvre. Méd. 1re cl. 1848.

ZAC (T.), Vienne (Isère). Méd. 3e cl. 1849.
ZIÉGLER (Claude-Jules), Langres. ※ 1838.
ZIEM (Félix), Beaune (Côte-d'Or). Méd. 1re cl. 1852

SCULPTEURS,

GRAVEURS EN MÉDAILLES ET SUR PIERRES FINES.

ALLIER. Méd. 2e cl. 1834.
ANGELINI (Tito), Naples. ✻ 1847.
ARMAND. ✻ 1847.
AUBRY (P.-A.-V.). Méd. 3e cl. 1845.

BARRE (J.-J.). ✻ 1834.
BARRE (Jean-Auguste, fils), Paris. ✻ 1852.
BARRÉ (Jean-Baptiste), Nantes. Méd. 3e cl. 1843.
BARTOLINI (Laurent). Gr. prix de Rome 1802. ✻ 1840.
BARYE (Antoine-Louis), Paris. ✻ 1833.
BION (Eugène), Paris. Méd. 2e cl. 1834.
BONNARDEL (Pierre-Antoine-Hip.), Bonnay (Saône-et-Loire). Gr. prix de Rome 1851.
BONNASSIEUX (J.-M.), Pannissières (Loire). Gr. prix de Rome 1836. Méd. 1re cl. 1844.
BORREL (Valentin-Maurice), Mont-à-Terre (Seine-et-Oise). Méd. 3e cl. 1842.
BOSIO (Astyanax-Scévola), Paris. Méd. 2e cl. 1838.
BOUGRON (Louis-Victor), Paris. Méd. 2e cl. 1824.
BOULY (Achille), Paris. Méd. 3e cl. 1843.
BOVY (Antoine), Genève. ✻ 1843
BRA (Théophile-François-Marcel), Douai. ✻ 1825.
BRANDT (Henri-François), Gr. prix de Rome 1813.
BRIAN (Jean-Louis), Avignon. Méd. 1re cl. 1840.
BRION (Hippolyte-Isidore). Méd. 2e cl. 1819.
BRUN (Sylvestre-Joseph), Paris. Gr. prix de Rome 1817.

CAILLOUETE (L.-Denis), Paris. Méd. 2e cl. 1822.
CAIN (Auguste), Paris. Méd. 3e cl. 1851.
CALMELS (Anatole-Célestin), Paris. Méd. 3e cl. 1852.
CAMAGNI (Hubert-Noël), Dijon. Méd. 2e cl. 1843.
CAUNOIS (Auguste), Bar-le-Duc. Méd. 2e cl. 1824.
CAVELIER (J.-P.), Paris. Gr. prix de Rome 1842. Méd. 1re cl. 1849. Méd. d'hon. 1849.
CHABAUD (Louis-Félix). Gr. prix de Rome 1848.
CHAMBARD (Léopold), Saint-Amour (Jura). Gr. prix de Rome 1837. Méd. 2e cl. 1842.
CLÉSINGER (Jean-Baptiste-Auguste), Besançon. ✻ 1849.
CORDIER (Charles), Cambrai (Nord). Méd. 3e cl. 1851.
CORPORANDI (Xavier). Méd. 3e cl. 1846.
COURTET (Augustin), Lyon. Méd. 2e cl. 1848.

CRAUK (Adolphe-Désiré), Valenciennes. Gr. prix de Rome 1851.
DANIEL (Henri-Joseph), Nantes. ✻ 1841.
DANTAN aîné (Antoine-Laurent), Saint-Cloud. Gr. prix de Rome 1828. ✻ 1843.
DANTAN jeune (Jean-Pierre), Paris. ✻ 1841.
DAUMAS (Louis-Joseph), Toulon. Méd. 2e cl. 1845-1848.
DAVID (Pierre-Jean), Angers. Gr. prix de Rome 1811. ✻ 1825. M. de l'Inst. 1826.
DE BAY (Joseph), Malines. ✻ 1825.
DE BAY (Jean-Baptiste-Joseph), Nantes. Gr. prix de Rome 1829. ✻ 1851.
DEMESMAY (Camille), Besançon. Méd. 2e cl. 1848.
DEPAULIS (Alexis-Joseph), Paris. ✻ 1834.
DESBŒUFS (Antoine), Paris. Gr. prix de Rome 1814. ✻ 1851.
DESPREZ (Louis), Paris. Gr. prix de Rome 1826. ✻ 1851.
DEVAULX (F.-Théod.), Paris. Méd. 3e cl. 1849.
DIEBOLT (Georges), Dijon. G. prix de Rome 1841. Méd. 1re cl. 1852.
DIEUDONNÉ (Jacques-Augustin), Paris. Méd. 1re cl. 1845.
DIXMIER (Abel). Gr. prix de Rome 1819.
DOMARD (Joseph-François), Paris. ✻ 1837.
DROZ (Jules-Antoine), Paris. Méd. 2e cl. 1833.
DUBOIS (Jules-Charles), Rennes. Méd. 3e cl. 1842.
DUBRAY (Vital-Gabriel), Paris. Méd. 3e cl. 1844.
DUBUFE (Mme E.). Méd. 3e cl. 1842.
DUMONT (Auguste-Alexandre), Paris. Gr. prix de Rome 1823. ✻ 1836. M. de l'Inst. 1838.
DURET (François-Joseph), Paris. Gr. prix de Rome 1823. ✻ 1833. M. de l'Inst. 1843.
DUSEIGNEUR (Jean), Paris. Méd. 2e cl. 1834.

ELSHOECHT (Jean-Jacques-Marie-Carl), Dunkerque. Méd. 2e cl. 1824.
ETEX (Tony-Antoine), Paris. ✻ 1841.

FAILLOT (Edme-Nicolas), Auxerre. Méd. 2e cl. 1843.
FALCONNIER (Léon), Ancy-le-Franc (Yonne). Méd. 3e cl. 1851.
FAROCHON (Eugène-Jean-Baptiste), Paris. Gr. prix de Rome 1835. Méd. 2e cl. 1847.
FAUGINET (Jacques-Auguste). Paris. Méd. 3e cl. 1838.
FONTENELLE (C.-J.-C.), Saint-Marcel-de-Felines (Loire). Méd. 3e cl. 1851.
FORCEVILLE-DUVETTE (Gédéon), Saint-Mauvis (Somme). Méd. 3e cl. 1845.
FOYATIER (Denis), Bussières (Loire). ✻ 1834.
FREMIET (Emmanuel), Paris. Méd. 2e cl. 1851.
FRISON (Barthélemy), Tournai (Belgique). Méd. 3e cl. 1851.

GARRAUD (Gabriel-Joseph), Dijon. Méd. 2e cl. 1844.
GATTEAUX (Jacques-Édouard), Paris. Gr. prx de Rome 1809. ✻, M. de l'Inst. 1845.
GAYRARD (Paul), Clermont (Puy-de-Dôme). Méd. 1re cl. 1846.
GAYRARD (Raymond), Rodez. ✻ 1825.
GEEFS (Joseph). Méd. 3e cl. 1841.

GIRARD (Noël-Jules), Paris. Méd. 2e cl. 1852.
GRASS (Philippe), Strasbourg. Méd. 2e cl. 1834.
GRUYÈRE (Théodore-Charles), Paris. Gr. prix de Rome 1839. Méd. 1re cl. 1846.
GUILLAUME (Cl.-J.-B.-Eug.), Montbard. Gr. prix de Rome 1845. Méd. 2e cl. 1852.
GUMERY (Charles-Alphonse), Paris. Gr. prix de Rome 1850.

HEBERT (Pierre), Villabé (Seine-et-Oise). Méd. 3e cl. 1849.
HEWITT (Georges), Carthagène (Espagne). Méd. 3e cl. 1847.
HUGUENIN (Victor), Dôle. Méd. 2e cl. 1835.
HUSSON (Aristide), Paris. Gr. prix de Rome 1830. Méd. 1re cl. 1837.

ISELIN (Henri-Frédéric), Clairegoutte (Haute-Saône). Méd. 3e cl. 1852.

JACQUOT (Georges), Nancy. Gr. prix de Rome 1820. Méd. 2e cl. 1831.
JALEY (Jean-Louis-Nicolas), Paris. Gr. prix de Rome 1827. ※ 1837.
JEANNEST (Louis-François), Paris. Méd. 2e cl. 1812.
JEHOTTE (Louis), Paris. Méd. 3e cl. 1844.
JOUFFROY (François), Dijon. Gr. prix de Rome 1832. ※ 1843.

KLAGMANN (Jean-Baptiste-Jules). ※ 1853.

LANNO (Gaspard-François), Rennes. Gr. prix de Rome 1827. Méd. 2e cl. 1843.
LAURENT (Jules). Méd. 3e cl. 1839.
LECHESNE (Auguste-J.-B.), Caen. Méd. 2e cl. 1848.
LEHARIVEL-DUROCHER (Victor), Chanu (Orne). Méd. 3e cl. 1849.
LEMAIRE (Ph.-H.), Valenciennes. Gr. prix de Rome 1821. O ※ 1843. M. de l'Inst. 1845.
LEMOYNE-SAINT-PAUL. ※ 1837.
LENGLET (Armand), Lavergies (Aisne). Méd. 2e cl. 1848.
LEPÈRE (Alfred-Adolphe-Édouard), Paris. Gr. prix de Rome 1852.
LEQUESNE (Eugène-Louis), Paris. Gr. prix de Rome 1844. Méd. 1re cl. 1851.
LESCORNÉ (Stanislas), Langres (Haute-Marne). Méd. 2e cl. 1846-1848.
LHOMME DE MERCEY (Bernard), Autun. Méd. 3e cl. 1849.
LOISON (Pierre), Mer (Loir-et-Cher). Méd. 3e cl. 1845.

MAGGESI. Méd. 2e cl. 1843.
MAILLET (Jacques-Léonard). Gr. prix de Rome 1847.
MAINDRON (É.-Hippolyte), Champtoceaux (Maine-et-Loire). Méd. 2e cl. 1843-1848
MALKNECHT (Dominique), Greden (Tyrol). Méd. 2e cl. 1831.
MALLET (Pierre-Louis-Nicolas), Granquevilly. Méd. 3e cl. 1843.
MARCELLIN (Jean-Esprit), Gap. Méd. 2e cl. 1851.
MAROCHETTI (Charles), Turin. ※ 1839.
MATHIEU-MEUSNIER (Roland), Paris. Méd. 3e cl. 1844.
MATHIEU (Justin), Saint-Justin (Landes). Méd. 3e cl. 1851.

MAYER (Édouard). Méd. 3e cl. 1842.
MÉLINGUE (Étienne-Marin), Caen. Méd. 3e cl. 1852.
MENARD (Amédée), Nantes. Méd. 3e cl. 1837.
MÈNE (Pierre-Jules), Paris. Méd. 1re cl. 1852.
MERCIER (Michel-Louis-Victor), Meulan (Seine-et-Oise). Méd. 1re cl. 1841.
MERLEY (Louis), Saint-Étienne (Loire). Gr. prix de Rome 1843. Méd. 2e cl. 1851.
MICHEL-PASCAL (François), Paris. Méd. 2e cl. 1848.
MONTAGNY (Étienne), Saint-Étienne. Méd. 3e cl. 1849.
MOORE (Christophe). Méd. 3e cl. 1844.
MULLER (Charles), Coblentz. Méd. 2e cl. 1849.

NANTEUIL (C.-F.-Lebœuf), Paris. Gr. prix de Rome 1817. ✻ 1837. M. de l'Inst. 1831.
NIEUWERKERKE (Comte Émilien de). O ✻ 1851.

OLESZCZYNSKI (Ladislas), Pologne. Méd. 2e cl. 1848.
OLIVA (Alexandre), Saillagouse (Pyrénées-Orientales). Méd. 3e cl. 1852.
OTTIN (Auguste-Louis-Marie), Paris. Gr. prix de Rome 1836. Méd. 1re cl. 1846.
OUDINÉ (Eugène-André). Paris. Gr. prix de Rome 1831. Méd. 1re cl. 1843.

PERREAUD (Jean-Joseph), Monay (Jura). Gr. prix de Rome 1847.
PERREY (Aimé-Napoléon), Damblin (Doubs). Méd. 3e cl. 1852.
PETIT (Jean), Besançon. Méd. 3e cl. 1846.
PETITOT (Messidor-Lebon), Paris. Gr. prix de Rome 1814. ✻ 1828. M. de l'Inst. 1835.
PIGALLE (Jean-Marie), Paris. Méd. 1re cl. 1824.
POITEVIN (Auguste), La Fère (Aisne). Méd. 3e cl. 1846.
POLLET (Joseph), Palerme (Sicile). Méd. 1re cl. 1851.
PREAULT (Auguste), Paris. Méd. 2e cl. 1849.

RAGGI (Nicolas-Bernard), Carrare. ✻ 1825.
RAMUS (Joseph-Marius), Aix. Méd. 1re cl. 1839.
RENOIR (Alexandre), Gray. Méd. 3e cl. 1852.
ROBERT (Louis-Valentin-Élias), Étampes. Méd. 3e cl. 1847.
ROCHET (Louis). Méd. 3e cl. 1841.
ROUILLARD (Pierre-Louis), Paris. Méd. 3e cl. 1842.
RUDE (François), Dijon. Gr. prix de Rome 1812. ✻ 1833.

SCHEY (Jean). Méd. 3e cl. 1840.
SCHŒNEWERK (Alexandre), Paris. Méd. 3e cl. 1845.
SCHRÖDER (Louis), Paris. Méd. 2e cl. 1852.
SEURRE (Charles-Marie-Émile), Paris. Gr. prix de Rome 1824. ✻ 1841.
SEURRE (Gabriel-Bernard). Gr. prix de Rome 1818. ✻ 1837. M. de l'Inst. 1852.
SIMART (Charles-Pierre), Troyes. Gr. prix de Rome 1833. ✻ 1846. M. de l'Inst. 1852.
SIMON (Jean-Marie-Amable-Henri), Paris. ✻ 1836.

SIMONIN (Eugène), Belgique. Méd. 2e cl. 1840.
SOITOUX (Jean-François), Besançon. Méd. 2e cl. 1851.
SORNET (Edme), Paris. Méd. 3e cl. 1839.
SUC (Nicolas-Étienne-Édouard), Lorient. Méd. 3e cl. 1838.

THOMAS (Gabriel-Jules). Gr. prix de Rome 1848.
TOUSSAINT (Armand). ☼ 1852.
TRIQUETI (Henri de), Conflans (Loiret). ☼ 1842.

VALOIS (Achille), Paris. ☼ 1825.
VATINELLE (Ursin-Jules). Gr. prix de Rome 1819. Méd. 2e cl. 1831.
VAUTHIER-GALLE (André), Paris. Gr. prix de Rome 1839. Méd. 2e cl. 1852.
VECHTE (Antoine), Vire-sous-Bil (Côte-d'Or). ☼ 1848.
VILAIN (Victor), Paris. Gr. prix de Rome 1838. ☼ 1849.

WALCHER (J.-A.-Alexandre), Paris. Méd. 2e cl. 1848.
WICHMANN (Louis), Berlin. Méd. 1re cl. 1843.

GRAVEURS.

ALLAIS (Jean-Alexandre), Paris. Méd. 3e cl. 1833.
AUBERT (Jean-Ernest), Paris. Gr. prix de Rome 1844.

BEIN (Jean), Goxweiler (Bas-Rhin). Méd. 2e cl. 1835.
BELLAY (Paul-Alphonse), Paris. Gr. prix de Rome 1852.
BERTINOT (Gustave-Nicolas), Louviers (Eure). Gr. prix de Rome 1850.
BESNARD. Méd. 3e cl. 1833.
BLANCHARD (Jean-Baptiste-Marie), Paris. Méd. 1re cl. 1839.
BLANCHARD (Auguste), Paris. Méd. 2e cl. 1847.
BLÉRY (Eugène), Fontainebleau. ✻ 1846.
BRIDOUX (F.-Eug.-Augustin), Abbeville. Gr. prix de Rome 1834. Méd. 2e cl. 1841.
BURDET (Augustin), Paris. Méd. 2e cl. 1851.

CALAMATTA (Luigi), Rome. ✻ 1837.
CARON (Adolphe-Alexandre-Joseph), Lille. Méd. 1re cl. 1846.
CHEVIN (Victor-Joseph), Paris. Méd. 3e cl. 1840.
COINY (Joseph). Gr. prix de Rome 1816.
COLLAS (Achille), Paris. ✻ 1843.
CONQUY (Ephraïm). Méd. 1re cl. 1839.
CORR (Erin), Anvers. Méd. 3e cl. 1845.
COUSIN (Charles), Villevorde. Méd. 3e cl. 1844.

DAMOUR (Charles), Paris. 3e cl. 1852.
DELAISTRE (Louis-Jean-Désiré), Paris. Méd. 3e cl. 1833.
DELEMER (Louis-Désiré-Joseph), Lille. Gr. prix de Rome 1852.
DESNOYERS (A.-Gaspard-Louis-Boucher, baron), Paris. M. de l'Inst. 1816. O ✻ 1835.
DEVAUX (Jacques-Martial). Gr. prix de Rome 1848.
DIEN (Claude-Marie-Franç.), Paris. Gr. prix de Rome 1809. Méd. 1re cl. 1838-1848.
DUPRÉ. ✻ 1831.

EICHENS (Frédéric-Édouard), Berlin. Méd. 3e cl. 1842.

FELSING (Jacques), Darmstadt. Méd. 3e cl. 1846.
FORSTER (François). Gr. prix de Rome 1814. ✻ 1828. M. de l'Inst. 1844.
FRANÇOIS (Jules), Paris. Méd. 2e cl. 1851.
FRANÇOIS (Alphonse), Paris. Méd. 1re cl. 1851.

GARNIER (Hippolyte), Paris. Méd. 2e cl. 1831.
GELÉE (Antoine-François), Paris. Gr. prix de Rome 1824. Méd. 1re cl. 1842.

GIRARD (François-Alexis), Paris. Méd. 2e cl. 1819-1848.
GIRARDET (Paul), Neufchâtel (Suisse). Méd. 2e cl. 1849.
GIRAUD (Pierre-François-Eugène). Gr. prix de Rome 1826. ※ 1851.
GREBERT (Jules), Paris. Méd. 3e cl. 1845.
GUILLAUMOT (Auguste), Paris. Méd. 3e cl. 1845.

HENRIQUEL (Louis-Pierre). ※ 1831. M. de l'Inst. 1849.
HOFFMANN (Auguste), Helberfeld. Méd. 3e cl. 1847.

JACQUE (Charles-Émile), Paris. Méd. 3e cl. 1851.
JACQUEMIN (Cyprien). Méd. 3e cl. 1836.
JAZET (Jean-Pierre-Marie), Paris. ※ 1846.
JAZET (Eugène), Paris. Méd. 3e cl. 1842.

KELLER (Joseph). Méd. 3e cl. 1838.

LAUGIER (Jean-Nicolas), Toulon. ※ 1835.
LAVIEILLE (Adrien), Paris. Méd. 3e cl. 1849.
LECOMTE (Narcisse), Paris. Méd. 2e cl. 1846.
LEFÈVRE (Achille), Paris. ※ 1851.
LEISNIER (Nicolas-Auguste), Paris. ※ 1834.
LEMAITRE (Augustin-François). Méd. 1re cl. 1831.
LEPRIX (Paul-Denis), Paris. Méd. 3e cl. 1849.
LEROUX (Jean-Marie), Paris. ※ 1838.
LEROY (Louis), Paris. Méd. 3e cl. 1838.
LEVY (Gustave), Toul. Méd. 3e cl. 1846.
LHERIE. Méd. 3e cl. 1836.
LORICHON (Constant-Louis-Antoine). Méd. 1re cl. 1836.

MANDEL (Édouard), Berlin. Méd. 2e cl. 1844.
MARTINET (Achille-Louis), Paris. Gr. prix de Rome 1830. ※ 1846.
MAUDUISON (Jean-François), Paris. Méd. 3e cl. 1840.
MERCURY (Paul). Méd. 1re cl. 1838.

NORMAND (Charles-Victor). Gr. prix de Rome 1838.

OLLIVIER (Émile-Edmond), Versailles. Méd. 3e cl. 1833.

PANNIER (Jacques-Étienne), Paris. Med. 3e cl. 1849.
PELÉE (Pierre), Courtedoux (Suisse). Méd. 3e classe 1838.
POLLET (Victor-Florence), Paris. Gr. prix de Rome 1838. Méd. 1re cl. 1849.
PORRET (Henri-Désiré), Lille. Méd. 3e cl. 1833

PRÉVOST (Zachée), Paris. ✱ 1852.
PRUDHOMME (Hippolyte). Méd. 2e cl. 1831.
PYE (John), Londres. Méd. 3e cl. 1846.

RANSONNETTE (Charles-Nicolas). Méd. 2e cl. 1831.
REVEL (Alfred), Paris. Méd. 3e cl. 1842.
RUHIERRE. ✱ 1836.

SAINT-ÈVE (Jean), Lyon. Gr. prix de Rome 1840. Méd. 1re cl. 1848.
SALMON (Louis-Adolphe). Gr. prix de Rome 1834.
SCHULER (Charles-Auguste), Strasbourg. Méd. 3e cl. 1846.
STOBER (François), Vienne. Méd. 3e cl. 1847.

TAUREL (André-Benoît). Gr. prix de Rome 1818.
TEXIER (Victor), La Rochelle. Méd. 2e cl. 1828.
THEVENIN (Jean-Charles), Rome. Méd. 3e cl. 1852.
THIÉNON (Louis), Paris. Méd. 3e cl. 1836.
TOSCHI. ✱ 1828.
TOUDOUZE (Auguste-Gabriel), Paris. Méd. 3e cl. 1851.
TOURNY (Joseph-Gabriel), Paris. Gr. prix de Rome 1846.

VALLOT (Philippe-Joseph), Vienne (Isère). Méd. 1re cl. 1834.
VARIN (Amédée), Châlons-sur-Marne). Méd. 3e cl. 1852.
VERZWYVEL (Michel), Anvers. Méd. 2e cl. 1847.
VIBERT (Joseph-Victor). Gr. prix de Rome 1828.

WEBER (Frédéric), Bâle. Méd. 2e cl. 1847.

LITHOGRAPHES.

ANASTASI (Auguste), Paris. Méd. 3e cl. 1852.
ARNOUT (Jean-Baptiste). Méd. 2e cl. 1831.
AUBRY-LE-COMTE (Hyacinthe-Louis-Victor-Jean-Baptiste), Nice. ✻ 1849.

CHAPPUY (Nicolas-Marie-Joseph). Méd. 3e cl. 1833.

DEROY. Méd. 3e cl. 1836.
DESMAISONS (Pierre-Émile), Paris. Méd. 1re cl. 1848.

EICHENS (Philippe-Hermann), Berlin. Méd. 3e cl. 1842.

FANOLI (Michel). Méd. 1re cl. 1848.

GREVEDON (Pierre-Louis-Henri), Paris. ✻ 1832.

HARDING. Méd. 1re cl. 1836.
HULMANDELL. Méd. 3e cl. 1836.

JACOB (Nicolas-Henri). Paris. ✻ 1838.

LASSALE (Émile), Bordeaux. Méd. 1re cl. 1848.
LEMOINE (Auguste), Laferté-sous-Jouarre. Méd. 3e cl. 1851.
LEROUX (Eugène), Caen. Méd. 2e cl. 1852.
LLANTA (Jacques-François-Gauderigue), Perpignan. Méd. 3e cl. 1839.

MARIN LAVIGNE (Louis-Stanislas), Paris. Méd. 2e cl. 1840.
MAURIN. Méd. 3e cl. 1833.
MONTHELIER (Alexandre-Jules), Paris. Méd. 3e cl. 1838.
MOUILLERON (Adolphe), Paris. ✻ 1852.

NOËL (Léon), Paris. Méd. 1re cl. 1845.

RAFFET (Denis-Auguste-Marie), Paris. ✻ 1849.
RAUNHEIM (Hermann), Francfort-sur-Mein. Méd. 3e cl. 1845.

SABATHIER (Léon), Paris. Méd. 3e cl. 1839.
SOULANGE TEISSIER (Louis-Emmanuel). Amiens. Méd. 3e cl. 1841.
SUDRE (Pierre), Alby. Méd. 1re cl. 1834.

WEBER (Antoine), Paris. Méd. 2e cl. 1824.

ARCHITECTES.

ANCELET (Gabriel-Auguste), Paris. Gr. prix de Rome 1851.
ANDRÉ (Louis-Jules), Paris. Gr. prix de Rome 1847.

BALLU (Théodore), Paris. Gr. prix de Rome 1840.
BALTARD (Victor). Gr. prix de Rome 1833. ✲.
BERTHELIN (Max), Troyes (Aube). Méd. 3e cl. 1837.
BLOUET (Guillaume-Abel), Passy. Gr. prix de Rome 1821. ✲. M. de l'Inst. 1850.
BOESWILWALD (Émile), Strasbourg. Méd. 2e cl. 1849.
BOUCHET (Jules), Paris. Méd. 1re cl. 1851.
BOULANGER (François-Louis-Florimond). Gr. prix de Rome 1836.
BOURGEREL (Gustave), Nantes. Méd. de 3e cl. 1846.
BRUNET DE BAINES (Fortuné), Vannes. Méd. 3e cl. 1851.

CAILLEUX (Alphonse de). O ✲ 1825.
CALLET (Félix-Emmanuel). Gr. prix de Rome 1819.
CARISTI (Augustin-Nicolas). Gr. prix de Rome 1813. O ✲ 1852. M. de l'Inst. 1840.
CLERGET (Jacques-Jean), Dijon. Gr. prix de Rome 1836. Méd. 3e cl. 1844.
CONSTANT-DUFEUX (Simon-Claude), Paris. Gr. prix de Rome 1829. ✲ 1852.
COSTE (Pascal). Méd. 3e cl. 1835.

DAINVILLE (Édouard), Angers. Méd. 3e cl. 1852.
DEDREUX (Pierre-Anne). Gr. prix de Rome 1815. Méd. 2e cl. 1833.
DELANNOYE (Marie-Antoine). Gr. prix de Rome 1828.
DELTON (Étiennne-Albert), Paris. Méd. 3e cl. 1852.
DENUELLE (Alexandre), Paris. Méd. 2e cl. 1849.
DESBUISSON (Prosper), Lacapelle (Aisne). Gr. prix de Rome 1844.
DUBAN (Félix-Jacques), Paris. Gr. prix de Rome 1823. O ✲ 1851.
DUC (Joseph-Louis). Gr. prix de Rome 1825. ✲.
DURAND (Hippolyte-Louis), Paris. Méd. 3e cl. 1841.

FAMIN (Auguste-Pierre-Sainte-Marie). Gr. prix de Rome 1801.
FAMIN (Charles-Victor). Gr. prix de Rome 1835.
FONTAINE (Pierre-François-Louis), Pontoise. C ✲. M. de l'Inst. 1811.

GALAND (Pierre-Napoléon), Paris. Méd. 2e cl. 1851.
GARNAUD (Antoine-Martin), Paris. Gr. prix de Rome 1817. Méd. 1re cl. 1848.
GARNIER (Jean-Louis-Charles). Gr. prix de Rome 1848.

GARREZ (Pierre-Joseph). Gr. prix de Rome 1830.
GAU. ❊ 1825.
GAUTHIER (Martin-Pierre), Troyes. Gr. prix de Rome 1810. ❊ 1844. M. de l'Inst. 1842.
GILBERT (Louis-Baptiste). Gr. prix de Rome 1822.
GINAIN (Paul-René-Léon), Paris. Gr. prix de Rome 1852.
GISORS. O ❊.
GODEBŒUF (Eugène), Compiègne. Méd. 2e cl. 1851.
GUENEPIN (Jean-François-Jean-Baptiste). Gr. prix de Rome 1837. ❊ 1844.

HÉNARD (Antoine-Julien), Fontainebleau. Méd. 3e cl. 1845.
HÉRARD (Louis-Pierre), Vaugirard. Méd. 3e cl. 1851.
HITTORFF. ❊ 1825.
HUVÉ (Jean-Jacques-Marie), Versailles. O ❊. M. de l'Inst. 1838.

JOLY (Jules de). ❊.
JUMELIN (Paul), Lyon. Méd. 2e cl. 1851.

LABROUSTE (François-Marie-Théodore), Paris. Gr. prix de Rome 1827. ❊.
LABROUSTE (Pierre-François-Henri), Paris. Gr. prix de Rome 1824. O ❊ 1852.
LACORNÉE (Jacques), Bordeaux. ❊ 1840.
LACROIX (Eugène), Paris. Méd. 3e cl. 1849.
LAISNÉ (Jean-Charles) Fontenay-aux-Roses. Méd. 2e cl. 1852.
LANDRON (Eugène), Saint-Calais (Sarthe). Méd. 2e cl. 1848.
LASSUS. ❊.
LEBAS (Louis-Hippolyte). O ❊. M. de l'Inst. 1825.
LEBOUTEUX. Gr. prix de Rome 1849.
LECLÈRE (Achille-René-Franç.). Gr. prix de Rome 1808. ❊ 1832. M. de l'Inst. 1831.
LEFRANC (Pierre-Bernard), Dolaucourt (Aube). ❊ 1837.
LEFUEL (Hector-Martin). Gr. prix de Rome 1839.
LENORMAND (Louis), Versailles. ❊.
LEQUEUX (Paul-Eugène). Gr prix de Rome 1834.
LESUEUR (Jean-Baptiste-Cicéron). Gr. prix de Rome 1819. ❊. M. de l'Inst. 1846.
LEVEIL (Jean-Arnoud), Paris. Gr. prix de Rome 1832.
LOUVET (Louis-Victor), Paris. Gr. prix de Rome 1850.

MAGNE (Auguste-Joseph), Étampes. Méd. 3e cl. 1845.
MANGUIN (Pierre), Paris. ❊ 1852.
MIMEY (Maximilien), Paris. Méd. 3e cl. 1852.
MOREY (Mathieu-Prosper). Gr. prix de Rome 1831.

NEPVEU (Charles-Frédéric), Paris. ❊ 1834.
NICOLLE (Joseph), Fontenay (Côte-d'Or). Méd. 2e cl. 1852.
NORMAND (Alfred-Nicolas), Paris. Gr. prix de Rome 1846.

PACCARD (Alexis), Paris. Gr. prix de Rome 1841.

QUESTEL (Charles-Auguste), Paris. ✻ 1852.

RENAUD (Édouard), Gravelines. Méd. 3e cl. 1849.
RONDELET. Méd. 3e cl. 1837.

STEINHEIL (Louis-Charles-Auguste), Strasbourg. Méd. 3e cl. 1851.

TETAZ (Jacques-Martin), Paris. Gr. prix de Rome 1843.
THIOLLET (François), Poitiers. ✻ 1842.
THOMAS (Félix), Nantes. Gr. prix de Rome 1845.
THUMELOUP (Nicolas-Auguste), Saint-Denis (Seine). Méd. 3e cl. 1840.

UCHARD (Toussaint-François-Joseph). Gr. prix de Rome 1838.

VAN CLEEMPUTTE (Lucien-Tyrtée), Paris. Gr. prix de Rome 1816. ✻.
VAUDOYER (Léon), Paris. Gr. prix de Rome 1826. ✻.
VERDIER (Aymar), Tours. Méd. 1re cl. 1848.
VILLAIN (François-Alexandre). Gr. prix de Rome 1820.
VIOLLET LE DUC (Eugène). ✻.
VISCONTI. O ✻.

ZANTH (Louis). Méd. 2e cl. 1831.

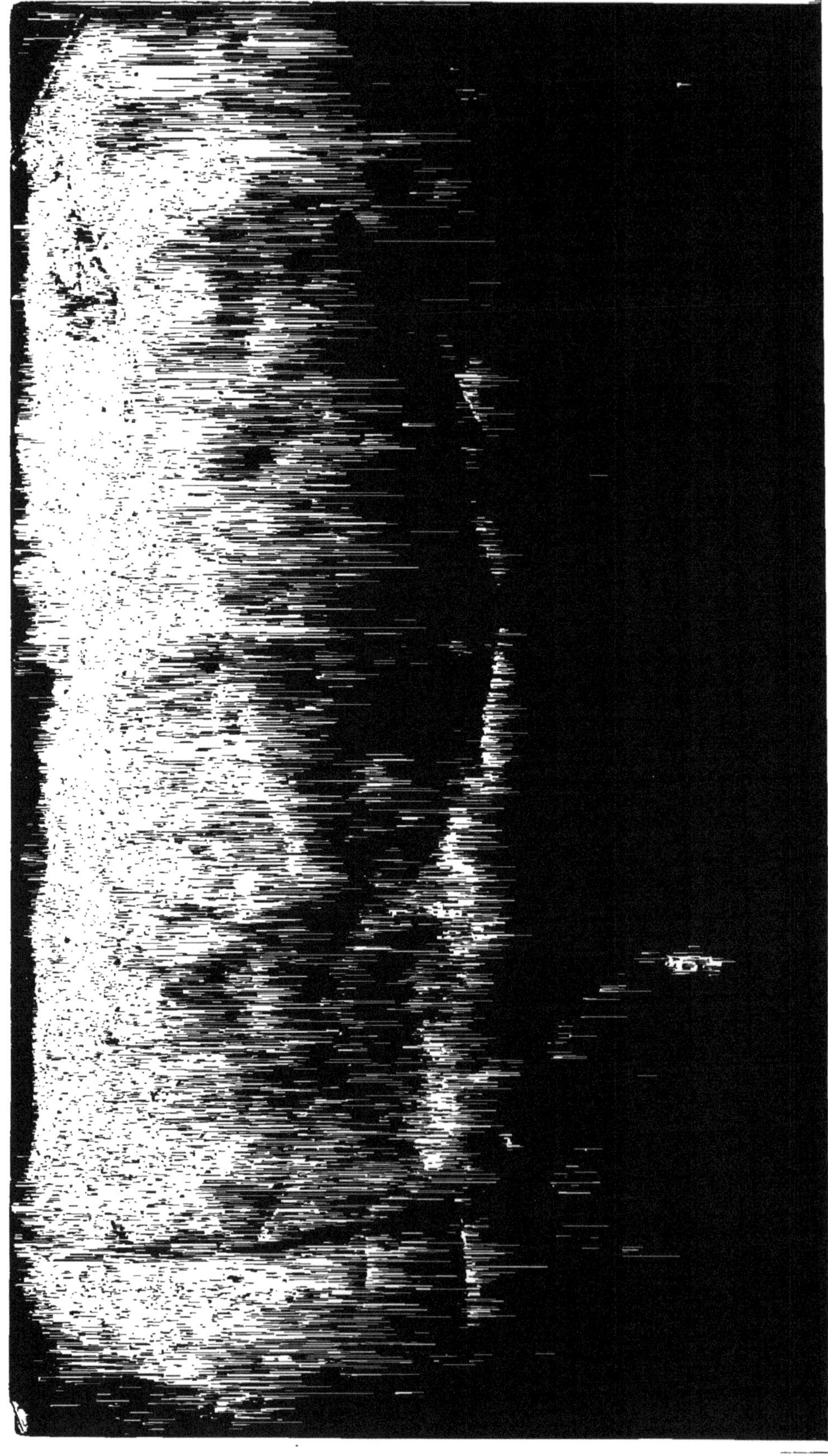

www.ingramcontent.com/pod-product-compliance
Ingram Content Group UK Ltd.
Pitfield, Milton Keynes, MK11 3LW, UK
UKHW020418220726
13923UKWH00005B/2017